1

Versos incautos

Soledad Morillo Belloso

AH, SI TAN SOLO

Si tan solo las mariposas
me hubieran dicho adiós
antes de irse
dejándome sin su vuelo
y sin su color

Si tan solo la lluvia
se hubiera quedado un rato más
tan solo un rato más
la sequía no quemaría tanto
y la piel dolería menos.

Si tan solo las flores
me hubieran alertado
que su belleza duraría tan poco.
Si tan solo el sol
me hubiera cantado
un poco más
antes de huir
en el horizonte.

Si tan solo las nubes
se hubieran despedido
antes de cabalgar el viento.
Si la luna
me hubiera anunciado
que menguaría.
Si las estrellas
me hubieran confesado
que muchas ya no brillarían.
Si tan solo mis ojos
me hubieran contado
que dejarían de sentir
y de llorar.
Si el corazón
me hubiera advertido
que se estaba a punto de quebrar.

Si tan solo mis dedos
me hubieran advertido
que llegaría el día en que
no escribirían más.

Si tan solo hubiera sabido
que se me arrugaría el alma

mucho antes que la piel.

Si tan solo el atardecer
me hubiera dicho
que llegaría el momento
en que no habría amanecer.

Si tan solo hubiera sabido pronto
lo que nunca quise saber.

PIELES

Piel de miel de naranja
de azúcar
de sal
de acero
de pluma
de cordero de león
de ángel
de demonio
de algodón
de lana
de amor
de dolor
de angustia
de ansiedad.
Piel de mientras tanto
de transición
de mar
de aire
de fuego
de cielo
de tierra
de agua

de no sé
de quizás
de tal vez.

Piel de te fuiste
de me quedé
de en el cielo
de en la tierra
de viento
de nubes
de lluvia
de sol
de luna.
Piel de te quiero
de te amo
de te extraño
de piedad
de nostalgia
de adiós.
Piel de Dios.
Todas esas tuve.

BRÚJULA

Mis retinas miraron
buenos sueños
y me despertaron.
Mis manos dieron caricias
y después se alejaron.
Mis pies hicieron caminos
Y en algún momento
se extraviaron.
Mis dedos escribieron letras
y de tanto hacerlo
me añejaron.
Mis ojos sudaron lágrimas
que me secaron.
Mis labios robaron besos
y se caramelizaron.
Mis lunas durmieron en sábanas
que me enamoraron.
Mis pasiones coparon mis noches
y entonces me domesticaron.
Mis éxitos creyeron ser muchos
y me minimizaron.
Mis rabias me dieron guerra

y, efímeras, fracasaron.
Mis luces se hicieron cocuyos
que me guiaron.
Mis espejos primero
me iluminaron
y luego se empañaron.
Mis huesos crecieron poco
mas no me encerraron.
Mis tiempos fueron tan míos
que me asfixiaron.
Mis vidas pasaron lento.
Lento, tan lento.
Y se apresuraron.

Ahora mi calendario
se mide en días.
En semanas.
En meses.
Ya no en años.
Voy lento.
Muy lento.
Hacia un viaje.
Con y sin brújula.

OLEAJE

La vida termina
siendo un vaivén.
Cuando crees que las cosas van
pues vienen.

Viene el gusto por lo raro
por lo que no se parece
a lo que siempre conocimos.

Viene el placer de lo largo
de lo que dura
más de lo concebido.

Viene el amor por lo denso
eso que no se disuelve
en la resaca de esas olas
que no hemos vencido.

Viene el dulce honor
de nunca
habernos dado por vencidos.
Viene el canto de las aves

que nos anuncia
que el tiempo no se marcha
ni se mancha.
Que somos nosotros
los de la vista empañada
y los ojos oscurecidos.

Viene y va la ola.
Y nosotros
si algo aún no hemos aprendido
es a entender
que también valen los otros.
Que siempre es bueno
dudar un poco
confiar un poco
reír un poco
llorar un poco
y ser agradecidos.

NADA Y TODO

Nos ponen en tres y dos
como si no hubiera el dos y medio
el agua apenas tibia
el otoño y la primavera
el sol que se despide
la luz mortecina del atardecer
o el sol que se despereza
con la timidez del amanecer.

Entre el todo y la nada
nos hacen escoger
como si la paleta del pintor
no tuviera colores
para mostrar eso
que queremos ver.

Algunos estamos en el medio
y allí nos quedaremos
sin dejarnos desfallecer.

HORAS EXTRAS

Cada vez que el agua
corre por mi piel
que mis ojos se cierran,
que miro el sol
en el atardecer.
Cada vez que el mar va y viene
que las nubes se entremezclan
para recibir con gracia
el amanecer.

Cada vez que escribo una línea
sobre una imaginaria hoja de papel
cada vez que bebo un café
o agua fresca e
endulzada con miel.

Cada vez que me miro al espejo
y lavo mi rostro
y peino mi pelo.

Cada vez que me levanto
me curo las heridas
de un derrumbe,
y canto un volver.
Cada vez que lloro,
cada vez que río,
que bailo,
que enjuago pañuelos
que narro mi vida
que mis pasos se hacen lerdos.

Cada vez que leo el último párrafo
que pienso en el último verso
que cierro un libro
y que ruego a Dios
por su actuar lento.

Cada vez que aprendo
un nuevo modo
de quererte y de querer.
Cada vez que te veo
y me sonrío
entiendo más y mejor
lo que tengo que entender.

Que mirar el reloj
y el calendario
de poco o nada sirve
si uno pretende mirarlos
con el tiempo al revés.

SINCERAMENTE

La vida no es lo que tú piensas.
Es leve en el postigo
descarada en el olvido
violenta en el recuerdo
jaquetona en la penumbra
impaciente en el destello.
Si quieres te explico lo que es.
Y lo que no es.

Vida no es respirar.
No es caminar.
No es soñar.
No es doler.
Ni hacer doler.

Es mirar
y no solo ver.

Es dar sin esperar.
Recibir sin presumir.
Perder aun en el ganar.
Ganar aun en el perder.
Descollar sin encandilar.
Hablar sin ensordecer.

Es echar de menos
sin desfallecer.
Es sentir y presentir.
Intuir sin calcular.
Andar y desandar.
Planear y aterrizar.
Es la calma y el silencio.
Descolocarse
y descolocar.
No me digas
que no hay vida sin amor.
Lo que no hay es amor sin vida.
Que el amor
c todas las cosas vivas
también amenaza con morir.

Vive entonces

mientras puedas.
El resto, amigo,
es escala en el postigo
intermedio en el concierto,
descanso en el desconcierto.

CON CALMA

Pacientemente te espero.
Me meto bajo la ducha.
Dejo que el agua
suavice mis angustias.
Que lave mis rabias.
Que limpie mis procuras.
Que alise mis recuerdos.
Que haga de seda mis miedos.
Que aclare mis dudas.

Tomo la toalla
s mi cuerpo.
Evito que se me resfríe el alma.
Que se me cuele una pesadilla.
Que se me anude el pelo.

Que se me pinten los no puedo
Que se me borren los te quiero.

Me miro al espejo
y me veo.
Desnuda.
Descalza.
Tan pequeña
tan breve
Sin nubes.
Sin velos.
Con cicatrices
de tantos desvelos.

Me siento
en la penumbra.
A ver a ninguna parte.
Buscando
y buscándote.
Me toco los ojos.
Están secos.
No tienen lágrimas.
Están quebrados
de misterios.

Me miro las manos.
Me enseñan lo que ellas saben
y yo no supe.
A saber callar.
A saber suspirar.
A saber necesitar.
A saber aguardar.

Y entonces con paciencia
y sin prisas
comienzo a tejer
un te espero.

INMERSIÓN

Irremediablemente
me sumerjo
en tu mirada infinita
que a veces está
y a ratos me rehúye.

Me sepulto en tus silencios
que coinciden con los míos
en un mundo elocuente.

Me escapo de tus sueño
para evitar que
hagan rendirse a los míos.

Me guardo para mí
mis deseos
para no tener que saber
que desandan tus caminos.
Me maquillo una sonrisa
para que no te des cuenta
que estoy casi en desvarío.
Me visto de perfume

para que mi piel crea
que los años no la visitan.

Estoy en pausa,
buscando entender
esas cosas en mi vida
irremediablemente tristes
irremediablemente buenas
irremediablemente bellas.

ESPEJO

Aunque me leas hoy
soy de tu vida antigua
habito en tus recuerdos.

Estoy en el hoy
y en el mañana p
ero soy un espejismo
en el laberinto de unos te quiero.
Estoy en tus memorias
de guayaba y chocolate
de pan dulce
y crepes de queso.

Estoy en las calles
que caminamos en noches de luna
y de invierno.
En los besos torpes
que quedaron hechos sueños.

Estoy en lo que quisiste ser
estoy en lo poco y lo mucho
en lo que sientes y piensas

Y en lo que no te atreviste a hacer.

Estoy en los silencios
en las risas
en los llantos
en los juegos
de sol y de viento.

Estoy en las noches en calma
y en las tardes en sereno.
En los días
y los caminos
y las nubes
de nuestro propio misterio.

Estoy en las sequías
y en las claras aguas
y en las suaves olas
en cada estrofa
y cada verso.

En la música que oímos
en los adioses que fingimos
en los infinitos te extraño

en los por ti me muero.
Estoy en tu espejo.

EX PROFESO

Rutinariamente y adrede
desempolvo la inocencia
y desoigo a la paciencia

Visito mis recuerdos.
Esos con olor a papel y tinta
a sobre y estampilla.

No hace tanto tiempo
mis sueños me desbordaban.
Hoy caben en un dedal.
Quería cabalgar nubes.
Y pintar con los dedos.
Y cruzar océanos.
Encontrar de la a a la z
en cada palabra un color
así fuera el gris del dolor.

Hoy tengo la retina opaca.

Mis dedos olvidaron el camino
de vuelta en el abecedario.
La página en blanco.
La tinta traslúcida.
¿En dónde se esconden
las letras y los sueños?

DESPACIO Y DEPRISA

Un pie frente al otro.
Con calma.
Esquivando tropiezos.

Una bocanada de aire.
Y otra…
y otra... y otra.
Bebiendo oxígeno.

Una palabra en voz alta.
Un adverbio que defina.
Un sustantivo que abrigue.

Un grillo que cante.
Una mariposa que adorne.
Un pájaro que vuele.

Un susurro en la pupila.
Una brisa que hable quedo.
Un grito que quiebre el silencio.

Pero estoy muda

en los recuerdos.
Perdí mi voz
mi letra
mi palabra.
No consigo mi arpegio.

Necesito un algo
que marque el rumbo
de los tiempos perdidos.
Un cartel con el por dónde
ir para llegar al por fin
o buscar el más nunca.

POCO A POCO

Sutilmente
fui adentrándome
en tus secretos.
Esos que a veces murmuras
en medio de tu sueño.

Nada como el silencio
para entender.
Aunque navegué en la arena
y naufragué en tu aliento
a ti te enseñé
que sin luz y sin ruidos
se oye mejor el viento.
Que hablan entonces los dedos
que escriben que tocan
que hablan el idioma
de los misterios.
Nunca es tarde
si aprendemos
que el corazón cuando ama
es como las mareas.
Nos habla de cerca

nos besa de lejos.

Digo más cuando callo.
Quiero mejor en el silencio.
Eso lo sé yo.
Dime, ¿lo sabes tú?

ESDRÚJULA

Quiéreme. Desátame.
Acércame. Distánciame.
Procúrame. Anímame
Anídame. Exáltame.
Despídeme. Acurrúcame.
Acaríciame. Bésame.

Aléjame. Extráñame.
Consuélame.
Nostálgiame.
Abrígame.
Rétame.
Espéciame. Endúlzame.
Sálame.
Borronéame. Silénciame.
Cállame.

Supérame. Ahógame. Escóndeme.
Péiname. Alísame.
Suavízame.
Dibújame. Píntame.

Coloréame.
Llámame. Escríbeme.
Tuitéame.

Sincérame. Exígeme.
Críspame. Aquiétame.
Elévame. Claudícame.
Transpírame. Asciéndeme.
Confúndeme.
Adviérteme.
Alértame.
Sosiégame.

Cántame.
Sílbame.
Musítame.
Respírame.

Puntúame.
Acentúame.
Sepárame.
Úneme.

Vísteme.

Desanúdame.
Desnúdame.
Recórreme.

Palpítame.
Vacíame.
Anúdame.
Abrígame.

Susúrrame.
Duérmeme.
Despiértame.
Desordéname.

Tiéntame.
Descálzame.
Enfuréceme.
Despéiname.
Libérame.
Ríeme.
Llórame.
Santíguame.

Mójame.

Sécame.
Enciéndeme.
Apágame.

Atiéndeme.
Amásame.
Amánsame.
Ámame.

Pero no.
No me hagas lágrima.
No me vuelvas sílaba
de una idea tónica.
No me condenes a página
de un libro sin carátula.
No me hagas recuerdo sólido
de tu andar errático.
No me vuelvas error ortográfico.
Haz de mí un acierto gramático.

ADVERBIOS DE MODO
(Poema en seis días)

DÍA 1
Sinceramente te digo
que la vida
no es lo que tú piensas.
Es leve en el postigo
descarada en el olvido
violenta en el recuerdo
jaquetona en la penumbra
impaciente en el destello.

Si quieres te explico lo que es.
Y, más aún,
lo que no es.
Vida no es respirar.
No es caminar.
No es soñar.

No es doler.
Ni hacer doler
Es mirar y no solo ver.
Es dar sin esperar.
Recibir sin presumir.
Perder aun en el ganar.
Ganar aun en el perder.
Descollar sin encandilar.
Hablar sin ensordecer.
Es echar de menos
sin desfallecer.
Es sentir y presentir.
Intuir sin calcular.
Andar y desandar.
Planear y aterrizar.
Es la calma y el silencio.
Descolocarse y descolocar.
No me digas que no hay vida sin amor.
Lo que no hay es amor sin vida.
Que el amor
como todas las cosas vivas
también amenaza con morir.
Vive entonces
mientras puedas.

El resto, amigo,
es intermedio en el concierto,
descanso en el desconcierto.

DÍA 2

Pacientemente te espero.
Me meto bajo la ducha.
Dejo que el agua suavice mis angustias.
Que lave mis rabias.
Que limpie mis procuras.
Que alise mis recuerdos.
Que haga de seda mis miedos.
Que aclare mis dudas.
Tomo la toalla
seco mi cuerpo.
Evito que se me resfríe el alma.
Que se me cuele una pesadilla.
Que se me anude el pelo.
Que se me pinten los no puedo.
Que se me borren los te quiero
Me miro al espejo
y me veo.
Desnuda.
Descalza.

Tan pequeña
tan breve
Sin nubes.
Sin velos.
Con cicatrices
de tantos desvelos.
Me siento en la penumbra.
A ver a ninguna parte.
Buscando y buscándote.
Me toco los ojos.
Están secos.
No tienen lágrimas.
Están quebrados de misterios.
Me miro las manos.
Me enseñan lo que ellas saben
y quizás yo no supe.
A saber callar.
A saber suspirar.
A saber necesitar.
A saber aguardar.
Y entonces
con paciencia y sin prisas
comienzo a tejer un te espero.

DÍA 3

Irremediablemente
me sumerjo
en tu mirada infinita
que a veces está
y a ratos me rehúye.
Me sepulto en tus silencios
que tanto coinciden con los míos
para hacer un mundo elocuente.
Me escapo de tus sueños
para evitar que
hagan rendirse a los míos.
Me guardo para mí mis deseos
para no tener que saber
que desandan tus caminos.
Me maquillo una sonrisa
para que no te des cuenta
que estoy casi en desvarío.
Me visto de perfume
para que mi piel crea
que los años no la visitan.
Estoy en modo de pausa,
buscando entender
esas cosas en mi vida

irremediablemente tristes
irremediablemente buenas
irremediablemente bellas.

DÍA 4

Rutinariamente y adrede
desempolvo la inocencia
y desoigo a la paciencia
Visito mis recuerdos.
Esos con olor a papel y tinta
a sobre y estampilla.
No hace tanto tiempo
mis sueños me desbordaban.
Hoy caben en un dedal.
Quería cabalgar nubes.
Y pintar con los dedos.
Y cruzar océanos.
Encontrar de la a a la z
En cada palabra un color
Así fuera el gris del dolor.
Hoy tengo la retina opaca.
Mis dedos olvidaron el camino
De vuelta en el abecedario.
La página en blanco.

La tinta traslúcida.
¿En dónde se esconden las letras?

DÍA 5

Despacio y deprisa
Un pie frente al otro.
Con calma.
Esquivando tropiezos.
Una bocanada de aire.
Y otra… y otra... y otra.
Bebiendo oxígeno.
Una palabra en voz alta.
Un adverbio que defina.
Un sustantivo que abrigue.
Un grillo que cante.
Una mariposa que adorne.
Un pájaro que vuele.
Un susurro en la pupila.
Una brisa que hable quedo.
Un grito que quiebre el silencio.
Pero estoy muda en los recuerdos.
Perdí mi voz
Mi letra
Mi palabra

No consigo mi arpegio.
Necesito
un algo que marque el rumbo
de los tiempos perdidos.
Un cartel con el por dónde ir
para llegar al por fin
o buscar el más nunca.
Despacio. Deprisa.
Hemingway.
Lorca.
Cummings.
Proust.
Camus.
Despacio. Deprisa.
Escribir.
Descalza.
Sin prisa.

DÍA 6

Sutilmente fui
adentrándome en tus secretos.
Esos que a veces murmuras
en medio de tu sueño.
Nada como el silencio para entender.

Aunque navegué en la arena
y naufragué en tu aliento
a ti te enseñé
que sin luz
y sin ruidos
se oye mejor el viento.
Que hablan entonces los dedos
que escriben
que tocan
que hablan el idioma
de los misterios.
Nunca es tarde si aprendemos
que el corazón cuando ama
es como las mareas.
Nos habla de cerca
nos besa de lejos.
Digo más cuando callo.
Quiero mejor en el silencio.
Eso lo sé yo.
Dime, ¿lo sabes tú?
De vuelta en el abecedario.
La página en blanco.
La tinta traslúcida.
¿En dónde se esconden las letras?

Soledad Morillo Belloso
Pampatar, Venezuela
2021

soledadmorillobelloso@gmail.com
@solmorillob

Made in United States
Orlando, FL
18 April 2024

45928895R00032